D1755409

Aus dem Niederländischen von Christiane Jung

Titel der Originalausgabe: „Ik ben er ook nog!"
Copyright © 1997 Van In, Lier.
Van In Publishers, Grote Markt 39, 2500 Lier, Belgium.
Copyright der deutschen Ausgabe:
© 2000 Frank P. van Eck Verlagsanstalt,
Haldenweg 8, FL - 9495 Triesen, Liechtenstein.

Lizenzausgabe für das Vertriebsgebiet
Bundesrepublik Deutschland und Luxemburg
mit freundlicher Genehmigung der
Frank P. van Eck Verlagsanstalt, Liechtenstein.
© Verlag Heinrich Ellermann, Hamburg 2000
Printed in Belgium 2000*
ISBN 3-7707-6414-5

Ich bin auch noch da!

Eine Geschichte von Rien Broere
mit Bildern von Ann De Bode

Ellermann

Heute ist eine von Mamas Tanten bei Pia zu Besuch.
Sie ist genauso alt wie eine Oma.
„Meine Güte, wie du gewachsen bist!", sagt die Tante.
Sie nimmt Pias Kopf in beide Hände
und drückt ihr zwei nasse Küsse auf die Wangen.
„Wie alt bist du denn jetzt?"
„Sechs", sagt Pia. „Naja, eigentlich sechseinhalb."
„Nein, wie die Zeit vergeht", sagt die Tante.

„Als ich dich das letzte Mal gesehen habe,
hattest du noch Windeln an", lacht die Tante.
„Und jetzt wird bald ein anderes Baby in der Wiege liegen."
Ja, nickt Pia. Sie guckt auf Mamas dicken Bauch.
Da drinnen wächst ein kleiner Bruder oder eine Schwester.
Was es wird, weiß sie noch nicht.
„Ich muss los!", ruft Pia. Sie läuft aus dem Zimmer.
Und flüchtet vor noch mehr nassen Küssen.

Pia kann es kaum erwarten, bis das Baby da ist.
Und auf noch etwas freut sie sich.
Sie geht zum Turnverein. Sie ist richtig gut im Turnen.
Und in ein paar Wochen ist ein großer Wettkampf.
Alle Vereine der Stadt nehmen daran teil.
Pia hat gute Chancen zu gewinnen.
Aber dafür muss sie ihr Bestes geben.
Darum übt sie, so viel sie nur kann.

Nach der Turnstunde bringt eine der Mütter Pia nach Hause.
Pia klingelt und wartet.
Etwas später öffnet jemand die Tür.
Aber es ist nicht Mama. Es ist die Nachbarin.
„Krieg keinen Schreck", sagt sie.
„Dein Vater und deine Mutter sind ins Krankenhaus gefahren.
Du kannst so lange mit zu mir rüberkommen.
Da warten wir zusammen, bis das Baby da ist."

Das Warten dauert sehr lange.
So lange, dass Pia sich schließlich doch hinlegt.
Später weckt die Nachbarin sie auf.
„Pia", lacht sie. „Herzlichen Glückwunsch! Du hast ein Brüderchen bekommen."
„Juhu!", jauchzt Pia. „Ein Brüderchen.
Das habe ich mir am meisten gewünscht."
„Er heißt Nils", erzählt die Nachbarin.
Pia spricht den Namen nach: Nils. Ja, das hört sich gut an.

Pia ist mit der Nachbarin ins Krankenhaus gefahren.
Sie bleibt vor einem großen Fenster stehen.
In dem Zimmer dahinter sieht sie große, gläserne Kästen.
Darin liegen kleine Babys.
„Guck mal", ruft Pia. „Wiegen aus Glas."
„Darin liegen Babys, die zu früh auf die Welt gekommen sind",
erklärt die Nachbarin. „Die müssen erst noch groß und stark werden.
Nils aber nicht. Der ist pünktlich gekommen."

Es ist ein bisschen komisch, Mama hier zu sehen.
Sie liegt in einem fremden Zimmer in einem fremden Bett.
Pias Vater sitzt auf dem Bettrand.
Er strahlt von einem Ohr zum anderen.
„Hallo, Schatz", sagt Mama. „Komm und guck.
Dein Bruder liegt hier und wartet auf dich."
Pia sieht sich um. Sie kann keine Wiege entdecken.
„Hier", lacht Papa. „Nils liegt bei Mama im Bett."

Pia sieht sich ihren Bruder an.
Sein Kopf ist kugelrund.
Sein Gesicht ist ein bisschen runzelig.
Und die Haare stehen lustig nach allen Seiten ab.
„Hallo, Nils", sagt sie. „Ich bin es, Pia."
Sie gibt ihm einen Kuss.
Ganz leicht. Leichter als ein Schmetterling.
So, nun ist er wirklich ihr Bruder.

Beide Opas und Omas kommen zu Besuch.
Sie stehen und sitzen um Mamas Bett herum.
Sie lachen die ganze Zeit.
Und fragen Pia, ob sie sich auch über Nils freut.
Na klar! Sie will gar nicht mehr ohne ihn sein.
Bevor sie mit der Nachbarin nach Hause geht,
sieht sie ihn sich noch einmal gut an.
„Wachs bloß schnell", sagt sie. „Dann können wir zusammen spielen."

In der Schule stehen alle Mädchen um sie herum.
„Kann ich dich besuchen und ihn mir ansehen?", fragt eines der Mädchen.
„Ich auch?", fragen drei andere Mädchen.
„Ich bringe ihn mal mit zur Schule", sagt Pia.
„Ja?" Die Mädchen staunen.
„Erlaubt deine Mutter das denn?"
„Ich glaube schon", sagt Pia. „Ich frage einfach,
ob ich ihn mir für einen Tag ausleihen kann."

Mama und Nils sind wieder zu Hause.
Nils schläft in einer Wiege in Mamas Zimmer.
Pia läuft gleich zur Wiege und sieht hinein.
Dann geht sie zu ihrer Mutter. Sie liegt im Bett.
„Bist du krank?", fragt sie besorgt.
„Nein", sagt Mama. „Ich bin nur sehr müde.
Es ist anstrengend, ein Baby zu kriegen."
„Ruh' du dich schön aus", sagt Pia. „Ich kümmere mich um Nils."

Pia geht in die Küche. Sie sucht ihren Vater.
„Hallo, Papa", ruft sie. „Ich war... huch?"
Pia schreckt zusammen.
Eine fremde Frau wäscht das Geschirr ab.
Sie trägt Mamas Schürze.
Aber sie hat die gleichen Hosen an wie Papa.
Dann sieht Pia, wer es ist.
Es ist keine Frau, es ist ihr Vater!

„Musst du morgen wieder arbeiten?", fragt Pia.
„Nein", sagt Papa. „Ich bleibe ein paar Tage zu Hause.
Als Haushälterin und Kindermädchen. Und du kannst mir helfen.
Du kannst meine Assistentin sein." Das klingt gut, findet Pia.
Sie will gern dabei helfen, für Nils zu sorgen.
„Gut", sagt sie. „Das hört sich lustig an."
„Fein", sagt Papa. „Dann kannst du mit Abtrocknen anfangen."

Zu Hause bei Pia ist es wie auf einem großen Fest.
Jeden Tag kommen Besucher.
Sie bringen Pakete mit.
Für Nils, aber auch für sie.
Und alle sagen, dass Nils genauso aussieht wie Pia.
Pia weiß nicht, ob sie das gut findet.
Wie kann sie denn aussehen wie ein Baby?
Sie ist schließlich schon sechs. Nein, sechseinhalb!

Pia darf ihrem Vater bei allem helfen.
Sie badet Nils.
Und wechselt seine Windeln.
Manchmal fängt Nils an zu weinen.
Dann fängt Pia an zu singen... und plötzlich ist Nils ganz still.
„Lustig, was?", sagt Papa. „Das klappt nur, wenn du singst."
„Ach", sagt Pia und zuckt mit den Schultern.
Aber innerlich glüht sie vor Stolz.

Nach einiger Zeit ist alles wieder wie vorher.
Papa geht zur Arbeit. Mama ist aufgestanden.
Eines abends liegt Pia im Bett.
Sie kann nicht einschlafen. Sie macht sich Sorgen
und sie ist böse auf Mama und Papa.
Die sind den ganzen Tag nur mit ihrem Bruder beschäftigt.
Als ob Nils ihr liebstes Kind wäre.
Zu ihr sind sie jetzt ganz anders.

Seht nur selbst:
„Papa!", ruft Pia. „Ich will zum Turnen gehen.
Hilfst du mir, meine Sachen zusammenzusuchen?"
„Such' sie selber", sagt Papa. „Ich bin müde.
Du bist jetzt groß genug, um deine Tasche allein zu packen."
Aber wenn Nils auch nur einen Mucks macht,
springt Papa auf, um nachzusehen, ob Nils etwas braucht.
Das ist doch ungerecht!

Und wenn Besuch da ist, ist Pia auf einmal ganz unwichtig.
Alle reden nur über Nils.
„Oh, er lächelt so süß", sagt Mama dann.
Oder: „Er kann ja so gut trinken!"
Und wenn Nils ein Bäuerchen macht, lachen alle.
Das sollte Pia mal tun!
Dann würde sie aber etwas zu hören kriegen.
Das ist doch ungerecht!

Als Pia am nächsten Morgen ihre Eltern sieht,
muss sie heimlich lachen.
Sie sehen aus, als hätten sie in der Nacht Gespensterbesuch gehabt.
„Bist du müde, Mama?", fragt Pia sanft.
„Ach, Kind", seufzt Mama. „Nils ist so süß.
Aber er hält uns die ganze Nacht wach."
„Davon merke ich nichts", sagt Pia.
„Ich schlafe tief und fest."

Pia, Mama und Papa sitzen am Tisch.
Papa gibt Nils die Flasche.
Gleichzeitig versucht er,
selbst etwas zu essen und die Zeitung zu lesen.
Nils hat seine Milch ausgetrunken.
Gleich kommt das Bäuerchen, das weiß Pia.
Aber dafür muss Papa Nils aufrecht halten.
„Papa…", warnt Pia leise.

„Papa", sagt Pia noch mal.
Aber Papa ist zu sehr in die Zeitung vertieft.
Nils zieht einen schiefen Mund.
Da kommt das Bäuerchen. Aber nicht nur das.
Es kommt auch ein Schwall Milch mit heraus.
Er macht auf Papas Hemd einen Fleck.
„Tja", sagt Pia. „Das wusste ich."
„Warum hast du dann nichts gesagt?", brummt Papa.

Morgen ist der große Turnwettkampf!
Mama hat es doch wohl nicht vergessen?, überlegt Pia.
Ich erinnere sie lieber noch mal.
Mama ist im Badezimmer. Sie badet Nils.
„Mama", sagt Pia. „Hör mal..."
In diesem Moment glitscht Mama die Seife
aus der Hand.
„He!", ruft Mama. „Du hast mich erschreckt!"

„Sag mal, Mama...", fängt Pia noch mal an.
„Nicht jetzt, Pia", sagt Mama.
„Du siehst doch, dass ich beschäftigt bin.
Sei nicht so quengelig."
Quengelig? Pia wird ganz böse.
Sie wollte Mama doch nur an den Wettkampf erinnern.
Ich sage überhaupt nichts mehr, denkt Pia.

Pia ist nicht nur böse. Sie ist furchtbar wütend.
Wütend auf die ganze Welt.
Sie stampft mit den Füßen auf und knurrt.
Aus der Zeitung faltet sie einen Hut.
Damit man sie nicht mehr lesen kann.
Und dann hat Pia auf einmal eine Idee.
Warte nur, denkt sie grinsend.
Ich werde Mama einen schönen Schrecken einjagen.

*E*twas später geht Pias Tür auf.
Man kann jemanden keuchen hören.
Pia zieht einen großen Koffer aus ihrem Zimmer.
Der Koffer ist voll mit ihren Sachen.
Ich ziehe um, beschließt sie.
Die brauchen mich ja doch nicht mehr.
Aber erst wird sie sich von Mama verabschieden.
Und dann geht sie auf Weltreise.

„**M**ein kleiner Süßer", gurrt Mama. „Mein großer Junge."
Sie ist immer noch mit Nils beschäftigt.
„Ähem!", räuspert Pia sich. „Mama, ich gehe jetzt."
„Was?", fragt Mama. Sie blickt nicht mal auf.
„Ich gehe jetzt", wiederholt Pia. „Ich ziehe aus."
„Gut", sagt Mama fröhlich.
Sie schneidet für Nils Grimassen.
„Aber sei zum Abendessen wieder zu Hause."

Pia geht und geht und geht.
Nach einer Viertelstunde ist sie totmüde.
„Was jetzt?", fragt sie ihren Teddybären.
Der Teddy weiß es auch nicht. Er antwortet nicht.
Auf einmal werden Pias Augen vor Schreck ganz groß.
Ich kann ja gar nicht weggehen, denkt sie.
Jedenfalls nicht jetzt.
Sonst verpasse ich den großen Wettkampf!

Pia lässt sich auf den Randstein sinken.
Sie ist so müde. Und auch ein bisschen ängstlich.
Sie weiß nicht mehr genau, wo sie ist.
Um sie herum stehen fremde Häuser.
Wie soll sie jetzt nach Hause finden?
Sie hält ihren Teddy ganz fest.
„Wenn das doch nur ein Märchen wäre", sagt sie.
„Dann käme jetzt eine Fee, um uns zu helfen."

„Pia! Pia!" Jemand ruft ihren Namen.
Pia blickt die Strasse entlang.
Seht doch! Eine Fee! Eine Fee auf einem Fahrrad.
Eine eilige Fee. Es ist Mama.
Sie hält genau vor Pia an. Die Bremsen quietschen.
„Hallo", sagt Mama. „Wo willst du denn hin?"
„Weg", sagt Pia. „Ihr denkt ja nur noch an Nils.
Aber ich bin auch noch da!"

„Glaubst du, dass wir dich im Stich lassen?", fragt Mama.
„Ja", sagt Pia. „Und morgen ist der große Wettkampf."
„Das weiß ich doch", sagt Mama.
„Hast du daran gedacht?", fragt Pia.
„Natürlich. Das Kindermädchen ist schon bestellt.
Wir kommen. Und die Großeltern auch."
„Oh", sagt Pia leise.
Sie ist ein bisschen verwirrt.

Mama sagt: „Ich lasse dich nicht im Stich.
Du wirst schon sehen.
Das verspreche ich dir feierlich.
Bist du jetzt nicht mehr böse auf mich?
Und kommst du wieder mit mir nach Hause?"
Pia blickt auf ihren Koffer und ihren Rucksack.
„Gut", sagt sie. Sie springt auf.
„Aber du musst meine Sachen tragen."